CLÁUDIO COSTA

O PIXEL DE DEUS

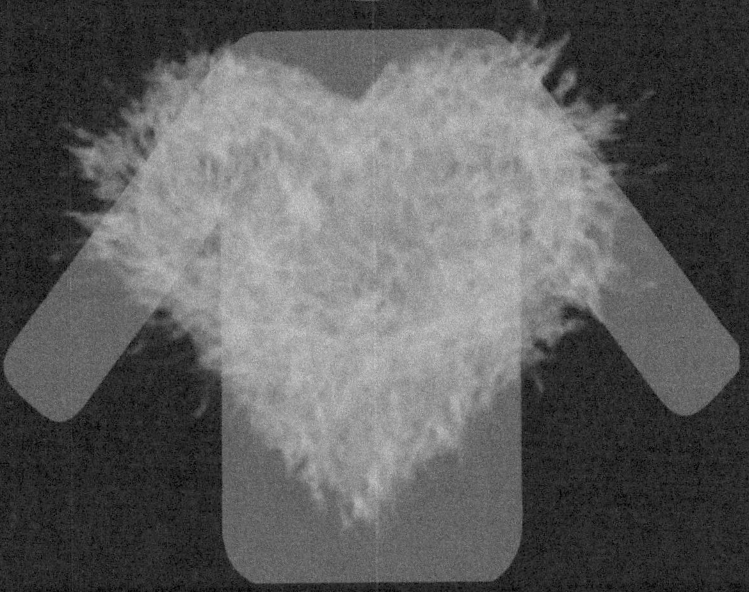

CONECTE-SE AO SEU PROPÓSITO

O Pixel De Deus

Como se conectar com o propósito de Deus

Para sua vida

Sumário

Prefácio

Que alegria, em conseguir colocar em prática, algo que o meu coração me chama para fazer a muito tempo. É o próprio conteúdo que entrego aqui, colocado em prática ao mesmo tempo.

Estou depositando um pouco de um pensamento, de revelações, de entendimentos que tenho nos meus momentos de intimidade com Deus, dos meus estudos, experiências, meditações da palavra e absorção de ministrações e palavras que recebo em todo momento, de meus pastores e líderes espirituais.

Há muito tempo ardia o desejo de escrever, esse conteúdo. Mas muitas vezes nos limitamos. Podamos nossa capacidade e sempre encontramos desculpas diante dos compromissos para deixar para depois. Ou até mesmo, achar que seja um capricho individual nosso, para nos autopromover. Mas quando entendemos que temos um papel crucial de ocupar espaços, principalmente nos canais digitais de hoje, propagando o Reino de Deus, exaltando o nome do Nosso Senhor Jesus Cristo, para aqueles que ainda estão em busca do seu propósito, ou estão perdidas em vazios internos, sem encontrarem o sentido de vida e sua identidade.

Sem encontrarem o caminho a qual foram chamadas para viverem, lançamos fora todo o medo, e deixamos fluir o nosso chamado.

Vejo a internet como um "mundo digital", cheio de estradas e portas. Numa rede social, por exemplo, quando você segue uma pessoa, você abre uma porta onde encontrará determinado tipo de conteúdo. Ao abrir e entrar por essa porta (seguir essa pessoa), essa rede social, abrirá para você um tipo de estrada. Ela começará a te recomendar pessoas que tenham o mesmo tipo de conteúdo que aquela pessoa que você começou a seguir (estrada). E é assim que irá definir se você conseguirá utilizar a rede social para o seu aperfeiçoamento individual ou para a sua destruição.

Por isso, sou a favor que cada vez mais, pessoas de bem, empreendedores do bem, líderes realmente comprometidos com o reino de Deus, ocupem espaços e entreguem conteúdos relevantes nas redes sociais existentes. Pois assim, as "rodovias do reino" serão maioria, e teremos maiores chances de não permitir que esta ferramenta tão poderosa, seja dominada para fins de morte, e sim seja utilizada para propagar vida, esperança.

Um dos meus propósitos é lutar para que todas as pessoas vejam Cristo acima de tudo.

Saber que primeiro devemos buscar o reino de Deus, e todas as demais coisas nos serão acrescentadas. (MT 6:33)

Por isso, devemos ser cada vez mais construtores de conteúdo e não consumidores de conteúdos. Existe uma multidão de pessoas, esperando ouvir, assistir ou ler o seu "pior conteúdo", se é que você me entende, e permite o trocadilho. Pois é dessa forma que talvez você esteja se enxergando. Mas saiba que talvez não esteja somente com obesidade corporal, e sim com obesidade de conhecimento, que precisa ser transbordada para vida de outras pessoas.

Para mim, de maneira muito significativa, estou escrevendo esse e-book num momento que faz arder muito mais o meu coração de alegria. Essas ideias já vinham em meu pensamento e como disse, vamos adiando devido a tantos compromissos que temos.

Mas Deus está no controle.

No momento que escrevi esse conteúdo, tive que me isolar completamente de todos. Eu e minha esposa, Bárbara, minha companheira, minha amiga, que em todo momento me incentivou para que esse material saísse, a quem agradeço e glorifico a Deus pela sua vida, fomos contaminados pelo vírus COVID-19. E com a Graça e misericórdia de Deus, pudemos passar com todo acompanhamento médico e sendo tratados, em nosso lar. Como já disse, colocamos Deus no controle da nossa vida. A minha oração no primeiro dia, foi que Deus me fortalecesse para *que eu não fosse para um leito de hospital, e nem mesmo ficasse apenas deitado na minha cama, e sim que dedicasse ainda mais o meu tempo para construir algo que mostrasse a minha gratidão a Deus, por operar com o seu Poder em minha vida e através da minha vida.*

E Deus tem me fortalecido. Ao escrever este prefácio, já estamos praticamente no final do nosso tratamento, e passamos bem, com nossas atividades via "home-office". Este ano de 2020, realmente foi um ano de muito aprendizado, e transformação de mentes, para toda a humanidade.

Estamos também em vésperas de celebrarmos nosso quarto ano de matrimônio. E com muito amor que exaltamos a bondade de Deus em nosso casamento desde o início até aqui.

Agradeço a Deus, por tudo que vivi até aqui, e agradeço por tudo que Ele já tem reservado para a minha vida, para a vida da minha família, do meu filho e dos filhos que hão de vir.

Dedicatória

Dedico aos meus pastores Izaias e Érica Cristo que nos encorajam todos os dias a dedicarmos nossa vida na construção do Reino de Deus, e vivermos verdadeiramente nosso propósito.

Dedico ao Pr. Elias Cristo, que juntamente com o pastor Izaias, esteve nos piores e melhores momentos, sempre encorajando a prosseguir e avançar rumo ao alvo e nosso propósito, discipulando, profetizando e orando por todos nós.

À minha esposa Bárbara, que caminha lado a lado comigo, desbravando e construindo nosso legado.

Ao meu filho Marco, para que ele encontre o seu verdadeiro propósito e saiba que tudo aquilo que desejar, poderá alcançar. Que ele sempre saiba que tem um pai de amor incondicional, assim como Cristo tem por nós!

Introdução

Olá, caros amigos,

A ideia de escrever este conteúdo veio quando eu estava me aprofundando no funcionamento de uma ferramenta dentro da plataforma de negócios do Facebook, chamada pixel.

Antes de começarmos, preciso esclarecer as definições literais e técnicas da palavra Pixel.

O pixel

No dicionário encontraremos a definição abaixo:

Substantivo masculino

Inf. ponto luminoso do monitor que, juntamente com outros do mesmo tipo, forma as imagens na tela; ponto.

A palavra pixel é uma junção dos termos "picture" e "element". Ou seja, "elemento de imagem". É a menor unidade de uma imagem digital, independente de sua fonte. É a menor parte que se pode dividir uma imagem. Se você analisar uma foto e realizar uma aproximação (zoom), verá uma série de quadradinhos que a compõem. Cada um desses quadros é um pixel. São milhões ou milhares deles.

Cada pixel é baseado nas três cores básicas: vermelho, verde e azul. Cada cor possui 256 tonalidades, o que proporciona até 16 milhões de combinações de cores diferentes. São os agrupamentos de pixels em grande quantidade que formam imagens, fotos e frames de vídeos. A qualidade de uma imagem depende de quantos pixels a compõem. Logo, quanto mais pixels, maior a qualidade. Nós chamamos isso de resolução.

Exemplo de pixel na iluminação Led

O pixel do Facebook

No tópico anterior, definimos pixel, conforme o dicionário e como conhecemos no mundo tecnológico físico.

No entanto, a rede social Facebook, usa uma ferramenta denominada também como pixel.

Na central de ajuda do Facebook, que podemos definir como o seu manual de utilização, encontramos a definição a seguir.

Sobre o pixel do Facebook

O pixel do Facebook é uma ferramenta de análise que permite mensurar a eficácia da sua publicidade com base nas ações que as pessoas realizam no seu site.

Você pode usar o pixel para:

- **Ter certeza de que seus anúncios serão mostrados às pessoas certas.** Encontre novos clientes ou pessoas que visitaram uma página específica ou realizaram uma ação desejada no seu site.

- **Gerar mais vendas.** Configure o lance automático para alcançar pessoas mais propensas a realizar uma ação que você deseja, como fazer uma compra.

- **Mensurar os resultados dos seus anúncios.** Compreenda melhor o impacto dos seus anúncios. Para isso, mensure o que acontece quando as pessoas os visualizam.

Símbolo do pixel do Facebook

Depois de configurar o pixel do Facebook, ele será acionado quando alguém realizar uma ação no seu site. Os exemplos de ações incluem adicionar um item ao carrinho de compras ou realizar uma compra. O pixel recebe essas ações ou eventos, que podem ser visualizados na sua página do pixel do Facebook no Gerenciador de Eventos. De lá, você poderá ver as ações que os clientes realizam. Você também terá a opção de alcançar esses clientes novamente por meio de anúncios futuros no Facebook.

Traduzindo a dinâmica do pixel com o Facebook

O pixel do Facebook são algumas linhas de código do Facebook que podem ser copiadas na seção de cabeçalho do seu site. Com esse código, o pixel recebe informações sobre as ações realizadas no site para tornar os anúncios do Facebook mais relevantes para seu público.

Você dá um nome a esse pixel. Por exemplo: 'pixeldoclaudio'. Quando você cria uma campanha de anúncio, exemplificando, você fala para o gerenciador que aquela campanha vai "seguir", "vai olhar" para o 'pixeldoclaudio'. O pixel vai alimentar de novas informações, tornando-se mais inteligente, mais também vai seguir o que já sabe.

Quando vamos anunciar de maneira profissional no Facebook, existe uma plataforma "por trás" do seu perfil do Facebook, que se chama: "Business Manager". As pessoas costumam apelidá-la de "BM". É uma plataforma de Gerenciador de Negócios. Lá conseguimos gerenciar páginas, fazer postagens, criar e administrar anúncios, campanhas, definir pessoas que irão trabalhar nos seus anúncios, criar designs, e isso funcionam tanto para o Facebook, quanto para o Instagram. Dentre tantos recursos, existe o pixel. Você pode criar quantos pixels desejar. Em cada pixel, você configura uma "identidade", um público, ou uma geolocalização. Você define um propósito para cada pixel. Tem pessoas que faz apenas um, e com ele administra suas campanhas da mesma forma. O foco fica mais disperso. Você "linka" ele no seu site, no seu anúncio, na sua postagem, e com o tempo ele se "alimenta das informações" que vai recebendo destas ações, como por exemplo, a idade da pessoa que mais acessa: o sexo, a localização, quem compra, quem costuma somente curtir, compartilhar, quem começa a comprar e não finaliza, quem usa cartão de crédito, quem usa boleto. E com o tempo o que acontece, o pixel vai ficando mais inteligente, como um neurônio desenvolvido. Com isso, quando você relaciona uma campanha de anúncio bem definida, com objetivos definidos e num pixel desenvolvido que tem armazenado, um público que se alinha ao propósito dessa campanha que você criou, o que acontece? Sucesso!

Você tem uma assertividade, no seu objetivo do anúncio, seja ele vender, engajar mais pessoas, chamar pessoas para seu evento, seu estabelecimento, pois a sua campanha, vai sempre olhar para o que seu pixel conhece como sendo bom. A sua campanha, não vai navegar à deriva pela internet, pois ela está sempre olhando para o que o pixel diz como sendo melhor caminho.

A Revelação

E foi dessa forma, estudando o funcionamento do pixel do Facebook, que o Espírito Santo começou a conversar comigo e mostrar que no mundo espiritual, Deus utiliza de um recurso muito peculiar e parecido. Eu ouvi o Espírito Santo me dizer: Deus tem um pixel. Deus tem um lugar onde Ele armazena a identidade e o propósito de cada um de nós. Onde Ele tem como referência, e quer que também tenhamos como referência.

Isso me intrigou bastante, e me levou a mergulhar na Palavra, nas Escrituras da Bíblia, e na minha intimidade com Deus, pedi para que Ele me revelasse o que tentava dizer.

Nisso, assistindo algo, com a minha esposa, vi uma cena onde passava um bebê nascendo. E ao ver aquela cena, me remeti, quando assisti pela primeira vez a consulta de ultrassom do meu filho

Marco, hoje com 16 anos já, onde eu só escutava um "som de locomotiva" e a médica dizia: - aquele pontinho é o bebê! Ouça o coração dele batendo!

Relembrando isso, fui pesquisar um pouco sobre a nossa biologia, e sabe qual é o primeiro órgão a ser formado no período embrionário? O coração! Todos os eventos seguintes na vida do organismo dependem da habilidade deste órgão de equivaler o seu rendimento com a demanda do organismo por oxigênio e nutrientes!

Na quinta semana, o embrião tem apenas 0,5 cm de comprimento, mas o coraçãozinho já começa a bater, embora ainda não dê para ouvir no ultrassom. Os rins, o fígado e os intestinos também já estão se desenvolvendo, e o tubo neural, que dará origem ao cérebro e à medula, está acabando de se formar.

Os bracinhos e as perninhas começam a dar sinal ainda na forma de brotos e já começam a se mexer na próxima semana. O rostinho começa a se formar, com o surgimento das narinas e o desenvolvimento da retina.

Ou seja, coração é o primeiro a se formar. E dele surgem as ramificações para os outros órgãos, leigamente explicando.

Mas a primeira visão que temos quando nasce um ser humano, é uma "bolinha" pulsando, dizendo: nasce mais um milagre do criador! A graça de Deus se manifesta mais uma vez!

Propósitos de Deus

O maior anseio de Deus, é que nós descubramos o propósito e a vida que Ele criou para nós!

Não importa qual é a situação atual que você esteja vivendo hoje. Essa situação é apenas parte de um caminho, não é o destino final de onde você tem que estar.

Tudo que falei na introdução sobre pixel, pixel de Facebook, Business Manager, etc.,

> *O maior anseio de Deus, é que nós descubramos o propósito e a vida que Ele criou para nós!*

hoje pode parecer muito atual, ou para outros, pode parecer algo estranho, mas daqui a alguns anos, quando alguém estiver lendo isso ou poderá ser algo totalmente obsoleto, ou poderá ser algo tão familiar, como configurar um canal de televisão hoje. A situação atual, não define o seu futuro.

Deus trabalha em outra situação de tempo que não é essa nossa a qual vivemos. Vivemos no tempo "Chronos". Um tempo que controlamos de maneira circular, em ciclos de 24 horas, semanas, meses e anos.

Deus trabalha no tempo Kairós. Ele é atemporal. Para Ele, um dia e mil anos, tem o mesmo peso. Pois Ele é o ontem, o hoje e o sempre! Ele é o "Eu Sou".

Um ser humano na prisão tem uma degustação do que é isso. Numa prisão, um dia, pode corresponder a um mês! Ficar um mês numa prisão, pode lhe representar um ano. Lá muda a dinâmica do tempo, pois ocorre uma

> *Mas, amados, não ignoreis uma coisa, que um dia para o Senhor é como mil anos, e mil anos como um dia.*
> *2 Pedro 3:8*

desaceleração da sua rotina e uma mudança de espaço e tempo nitidamente é transformada.

E assim é Deus!

Outro Dia, em oração, tive uma visão espiritual de como pode ser representado esse Kairós de Deus. Ao invés da forma circular, Ele me mostrou um grande painel, onde ponteiros subiam e outros desciam. Uns giravam muito rápidos. Outro em velocidade média, outro mais devagar. E outro em sentido contrário, se assemelhando a um painel de controle de avião. Ali Deus me dizia, e me mostrava o Poder que Ele tem de transformar, de acelerar, de segurar algo que ainda não está no seu tempo, e até mesmo de ressuscitar o que já está morto. Tudo está abaixo de sua Soberania.

Ele antes mesmo de toda a criação, nos escolheu, e predestinou para algo. Cada um de nós temos um propósito. Fomos feitos diferentes justamente pois cada um de nós, temos uma importância no funcionamento do Reino. Mas tudo converge e se volta para o Criador, através da vida do seu filho

Unigênito, ao qual devemos direcionar o nosso foco, o nosso olhar: Jesus Cristo.

Em Efésios, o apóstolo Paulo, diz:

Bendito seja o Deus e Pai de nosso Senhor Jesus Cristo, que nos abençoou com todas as bênçãos espirituais nas regiões celestiais em Cristo. Porque Deus nos escolheu nele antes da criação do mundo, para sermos santos e irrepreensíveis em sua presença. Em amor nos predestinou para sermos adotados como filhos por meio de Jesus Cristo, conforme o bom propósito da sua vontade,

Para o louvor da sua gloriosa graça, a qual nos deu gratuitamente no Amado. Nele temos a redenção por meio de seu sangue, o perdão dos pecados, de acordo com as riquezas da graça de Deus, a qual ele derramou sobre nós com toda a sabedoria e entendimento. E nos revelou o mistério da sua vontade, de acordo com o seu bom propósito que ele estabeleceu em Cristo, isto é, de fazer convergir em Cristo todas as coisas, celestiais ou terrenas, na dispensação da plenitude dos tempos.

Nele fomos também escolhidos, tendo sido predestinados conforme o plano daquele que faz todas as coisas segundo o propósito da sua vontade, a fim de que nós, os que primeiro esperamos em Cristo, sejamos para o louvor da sua glória.

Nele, quando vocês ouviram e creram na palavra da verdade, o evangelho que os salvou, vocês foram selados com o Espírito Santo da promessa, que é a garantia da nossa herança até a redenção daqueles que pertencem a Deus, para o louvor da sua glória. Por essa razão, desde que ouvi falar da fé que vocês têm no Senhor Jesus e do amor que demonstram para com todos os santos,

Não deixo de dar graças por vocês, mencionando-os em minhas orações.

Peço que o Deus de nosso Senhor Jesus Cristo, o glorioso Pai, lhes dê espírito de sabedoria e de revelação, no pleno conhecimento dele.

Oro também para que os olhos do coração de vocês sejam iluminados, a fim de que vocês conheçam a esperança para a qual ele os chamou, as riquezas da gloriosa herança dele nos santos

E a incomparável grandeza do seu poder para conosco, os que cremos, conforme a atuação da sua poderosa força.

Esse poder ele exerceu em Cristo, ressuscitando-o dos mortos e fazendo-o assentar-se à sua direita, nas regiões celestiais,

Muito acima de todo governo e autoridade, poder e domínio, e de todo nome que se possa mencionar, não apenas nesta era, mas também na que há de vir.

Deus colocou todas as coisas debaixo de seus pés e o designou como cabeça de todas as coisas para a igreja,

Que é o seu corpo, a plenitude daquele que enche todas as coisas, em toda e qualquer circunstância.

Efésios 1:3-23

Este texto do apóstolo Paulo, nos traz muito: Já no versículo 3, ele diz que Deus nos

> O bom propósito de Deus na Terra,está espalhado em fragmentos que Ele inseriu em cada um de nós, e daí surge um dos motivos da necessidade de nunca estarmos sós.

abençoou com todas as bençãos espirituais nos lugares celestiais em Cristo. Continuando no versículo 4, o apóstolo afirma que Deus nos elegeu, ou seja, nos escolheu, nele antes da fundação do mundo para que fôssemos santos e irreprensíveis diante dele em amor. Ou seja, antes mesmo de nascermos, antes mesmo de o mundo existir, Deus já havia me programado e já havia programado você com todas as bençãos, espirituais, não foram algumas, foram todas. Dizendo assim, parece algo que podemos mensurar. Mas te afirmo, não temos capacidade de conseguir isso. Ele nos escolheu com todas essas bençãos espirituais, para que fôssemos santos e irrepreensíveis diante dele em amor.

Aqui, já vemos um propósito de Deus em nossas vidas: _pertencermos somente a Deus e nos apresentarmos diante dele sem culpa._

No versículo 5, vemos outro propósito de Deus: _Ele nos predestinou para sermos filhos de adoção por Jesus Cristo, para si mesmo_, segundo o beneplácito, ou seja de acordo com o seu bom propósito da sua vontade. Ele criou planos para cada um de nós antes mesmo da nossa existência! O bom propósito de Deus na Terra, está espalhado em fragmentos que Ele inseriu em cada um de nós, e daí surge um dos motivos da necessidade de

> _Antes mesmo de nascermos, antes mesmo de o mundo existir, Deus já havia me programado e já havia programado você com todas as bençãos, espirituais!_

nunca estarmos sós. Pois o propósito do Reino só se ativa quando há a junção de "fragmentos de propósitos" e a unidade torna esses propósitos mais fortes.

No versículo 6, Deus ativa outro propósito em nós. *Fomos predestinados para o louvor da sua gloriosa graça, a qual nos deu gratuitamente no Amado.*

Em Romanos 3:24, diz: *Sendo justificado gratuitamente pela sua graça, pela redenção que há em Cristo Jesus.*

A glória de Deus imagino como algo imensurável. Algo que não podemos ter dimensões. Imagine aquilo, que talvez você já sonhou ter, mas ainda nunca viu! Então imagine agora, que fomos predestinados para louvar a gloriosa graça de Deus,

No livro de Ester, no capítulo 1, versículo quatro, conta que o Rei Assuero fez um banquete a todos os príncipes e seus servos, estando assim perante ele o poder da Pérsia e Média e os nobres e príncipes das províncias, para mostrar as riquezas da glória do seu reino, e o esplendor da sua excelente grandeza, por muitos dias, a saber, <u>cento e ointenta dias</u>. Ora, o rei Assuero, demorou seis meses para conseguir mostrar a glória do reino, as suas riquezas para os príncipes e servos do seu reino.

Agora imagino a eternidade que Deus precisa para mostrar a sua Glória para nós que somos os teus príncipes e servos. Dá para entender o louvor que as riquezas da graça de Deus, merecem de nós? Temos nele a redenção, por meio de seu sangue, o perdão dos pecados. Sobre nós, foi derramada essa redenção com toda a sabedoria e entedimento.

No versículo 9, o apóstolo Paulo nos mostra que descobrindo-nos o mistério da sua vontade, segundo o seu bom propósito que Ele estabeleceu em si mesmo, ou seja, de fazer convergir em Cristo todas as coisas, celestiais ou terrenas, na dispensação da plenitude dos tempos. Vemos aqui claramente que não importa se estamos tratando de coisas espirituais ou terrenas, tudo que fazemos na terra, temos que convergir para Cristo, temos que ter Cristo como centro, como objetivo, como propósito, como alvo. Muitas pessoas ainda estão frustradas, com um vazio espiritual, perdidas, pois não entenderam ou não aceitaram colocar Jesus Cristo acima de todas as outras coisas. Ficamos anos, e anos, tentando preencher os nossos desejos pessoais, que nossa mente foi buscar pelo que ela viu em outras pessoas, nos meios de multimídias, alimentando-nos de falsos propósitos.

Quando na verdade, fomos criados para um propósito muito maior. E o que vivemos hoje é uma etapa do caminho, não é o nosso destino final.

E no versículo 11, um propósito chave: *Fomos escolhidos, tendo sido predestinados conforme o plano daquele que faz todas as coisas segundo o propósito da sua vontade.* Isso significa que antes de nascermos, fomos escolhidos, e foi feito um plano para nós por Deus, e nele estão inclusos, tudo que até aqui já relatamos.

Em Colossenses 1:16 mostra que tudo começa com Deus. "Porque nele foram criadas todas as coias que há nos céus e na terra, visíveis e invisíveis, sejam troncos, sejam dominações, sejam principados, sejam potestades. Tudo foi criado por ele para ele." Continuando no 17, E ele é antes de todas as coisas e todas as coisas subsistem por ele.

Quando falamos de propósito, é muito comum querermos confundir com as definições vocacionais, que aprendemos quando estamos concluindo o fundamental, o ensino médio e temos que tomar uma decisão de qual carreira profissional, vocacional devemos

> "Porque nele foram criadas todas as coias que há nos céus e na terra, visíveis e invisíveis, sejam troncos, sejam dominações, sejam principados, sejam potestades. Tudo foi criado por ele para ele."
>
> Colossenses 1:16

seguir. Lembro-me que nessa época, tive que refletir muito, qual caminho seguir.

Propósito é muito maior do que realização pessoal ou felicidade. É muito maior que família e filhos. Os sonhos mais ousados que você possa ter, não sobressaem ao propósito. Vimos claramente nos versículos acima.

Propósito tem a ver com o criador, tem a ver com Deus. Somente Ele justifica porque você e eu nascemos. Para que nascemos, e para que estamos aqui.

Nascemos para cumprir os planos de Deus.

O que acontece, temos a tendência natural da vida de desde a infância, olharmos e buscarmos nosso propósito e nossa identidade no lugar errado.

Voltemos lá nas definições do pixel do Facebook.

É possível, sim fazer um anúncio, uma postagem, uma *"landingpage"* de vendas, sem destacar e definir um pixel. No entanto, você todas as vezes que começar uma campanha, iniciará o trabalho do zero. E precisará construir um público alvo do zero.

O mesmo ocorre conosco. Nascemos e temos como primeira referência: nossa mãe.

A maternidade, por conta da alimentação, dos primeiros cuidades, começa a imprimir as primeiras características de personalidade em nós. Depois vem o nosso pai biológico. O seu comportamento,temperamento,hobbies, profissão. Tentamos ser espelhos daqueles que dedicam tanto amor e cuidado conosco.

À medida que vamos crescendo, o nosso convívio social, vai aumentado e se modificando. Na infância, temos as influências dos amiguinhos do condomínio, dos primos, dos amiguinhos do parque e isso vai preenchendo a formação da nossa personalidade e do nosso ser social.

Na adolescência e juventude, esse processo é aceleradíssimo. É onde recebemos uma grande carga de influência comportamental externa. E talvez por isso, seja a etapa da vida, que temos os maiores conflitos. É onde cometemos os maiores erros, os maiores dissabores da vida, as maiores dúvidas, e as escolhas erradas. Somos um plano de vida a deriva, a procura de satisfação e realização pessoal. "Eu vou ser..."; "é a minha vontade", "é o meu futuro", "são meus sonhos que estão em jogo".

E essa busca da satisfação pessoal, ofusca tudo aquilo que vimos anteriormente em Efésios1. Os propósitos de Deus, não tem espaço nem agenda para serem implantados, em nossa vida, no nosso contexto, naquilo que escolhemos como sendo as melhores opções para nós.

Uma das maiores missões que vejo hoje, é fazer com que as pessoas coloquem Cristo, acima de todas as outras coisas.

Saber viver verdadeiramente: "o buscai o Reino de Deus e todas as outras coisas nos serão acrescentadas." Mt 6:33

Continuando a percorrer pelas etapas que passamos, ou pelo menos a maioria das pessoas passam.

Chegou a vida adulta!

> Fomos feitos para dominarmos sobre a terra, céu e mar. Os três espaços físicos do globo terrestre.

Nesta fase é onde veremos os fracassos, os relacionamentos mal sucedidos, os divórcios, filhos que não honram pais, pais que não honram filhos, a falta de liberdade financeira, depressões, frustrações que geram a suicídios, a vícios, às prisões. Vidas que não foram geridas de acordo com o que ela nasceu para ser.

Gênesis 1:26, e disse Deus: "Façamos o homem à nossa imagem, conforme a nossa semelhança. Domine ele sobre os peixes do mar, sobre as aves do céu, sobre os animais grandes de toda a terra e sobre todos os pequenos animais que se movem rente ao chão".

Fomos feitos para dominarmos sobre a terra, céu e mar. Os três espaços físicos do globo terrestre.

Tudo que voa, tudo que está na terra e na água, nascemos para ter poder sobre elas. E o que acontece? Porque tantas pessoas não prosperam na terra?

Deus nos criou para agradarmos a Ele próprio

Deus não precisava nos criar, mas Ele decidiu me criar e criar você para que nós satisfaçamos a Ele. Existimos para engrandecer a Glória de Deus. Para adorarmos e agradarmos a Ele.

Tu criaste todas as coisas, e é para o teu agrado que elas existem e foram criadas. Apocalipse 4:11

Adorar é agradar a Deus. O nosso ser tem necessidade de adorar algo, pois adorar é dar prazer e Deus tem prazer! Somos feitos à sua imagem e semelhança. E quando não adoramos a Deus, vamos adorar qualquer outra coisa.

Adoração é confundida como sendo apenas o momento de louvor no culto da igreja que participamos. E na verdade, quando realizamos o nosso propósito de vida, por Deus, para Deus, todas nossas ações são adorações a Deus.

Adoração não é para nos satisfazer e sim satisfazer a vontade daquele que nos criou. Nossa motivação tem que sempre estar em Deus.

A adoração não pode ser considerada e vista como sendo uma parte da minha vida. Ela é a sua vida!

A Bíblia diz: Assim quer vocês comam, bebam ou façam qualquer outra coisa, façam tudo para a glória de Deus.

Porque convinha que aquele, para quem são todas as coisas, e mediante quem tudo existe, trazendo muitos filhos à glória, consagrasse pelas aflições o príncipe da salvação deles. Hebreus 2:10

Agora, com todas as explanações anteriores, vamos começar a juntar essas partes de pensamento.

Deus já nos conhecia, antes mesmos de sermos formados.

Ele nos criou e nos formou para um propósito e espera que nós exploremos

Ele nos fez com propósitos e Deus também nos presenteou com esses propósitos. Fomos feitos com dons.

e façamos o melhor com tudo isso. É a graça de Deus, que temos que plantar, cultivar e colher em forma de lindos frutos que devolveremos para Ele, em amor e gratidão, exercendo o propósito da adoração.

O que acontece hoje. As pessoas não descobriram o seu propósito e a sua identidade e estão em posições erradas na sociedade, nas profissões, nos ministérios de igrejas, e estão se deprimindo, pois sabem que existe algo errado. Mas elas não estão sabendo para onde olhar! Onde buscar!

Deus sabe a forma que cada um de nós, irá fazer com a perfeição e naturalidade do propósito, ao ponto de agradá-lo e ter prazer, a emoção em estar fazendo algo para qual foi criado para fazer.

"Eu sou a videira; vós sois as varas. Aquele que permanece em mim, e no qual eu permaneço, dá muito fruto, pois sem mim nada podeis fazer." João 15:5

Ele nos fez para estarmos conectados entre nós e com Ele.

"Assim nós, sendo muitos, somos um só corpo em Cristo, mas individualmente somos membros uns dos outros." Romanos 12:5

Para cada um de nós, há um dom, há uma característica que nunca será encontrada no outro. Mas juntos, fazemos mais sentido.

O grande Plano de Deus, está como códigos em fragmentos, espalhados em cada ser que Ele cria. Por isso Deus ama família, e por isso o inimigo odeia a família e a unidade. Pois, quando estamos conectados, quando estamos reunidos em dois ou mais, em nome do Senhor Jesus Cristo, o Reino de Deus é ativado, e a Glória de Deus se manifesta.

Por isso temos que entender que Deus tem um plano para sua vida, a qual Ele determinou para você, e Ele deixou isso registrado em você para que você também pudesse entender e realizar conforme o seu propósito.

Onde Deus registrou isso?

O Pixel de Deus

Quando eu comecei a me aprofundar no funcionamento do pixel do Facebook, e vi que ele funciona como um "micro-neurônio", que guarda informações que o programador, direciona para que ao mesmo tempo em que ele armazene e ao mesmo tempo, execute para que o seu objetivo seja alcançado, eu escutei, espiritualmente falando, o Espírito Santo me dizendo: você é assim! Olhe para o seu coração! Sabe aquilo que arde em seu coração? Sabe aquilo que você deseja, e sabe que é Deus lhe pedindo para fazer? Sabe aquele sonho que você tem? Você pode realizar, pois Deus o fez para viver isso que você sonha. O seu Pai, Deus, jamais seria um malvado de colocar em seu coração, algo que você não possa alcançar! Mas saiba que o que você realizar, o que você alcançar, tem que ser para adorá-lo, para destacar e engrandecer a sua glória!

E fez-me lembrar de uma história no Primeiro Livro de Samuel .

Samuel vai até a casa de Jessé, em Belém, enviado por Deus, para escolher dentre os teus filhos um rei que viria a suceder Saul, o qual ele o ungiria ao Senhor.

Veio Eliabe, que significa Deus é pai, e se apresentou diante Samuel.

Passou sobre Samuel, Abinadabe, no hebraico, significa "pai da generosidade";

Depois foi a vez de Samá.

Em hebraico *"Shammah"* provavelmente significa: "espanto".

E assim foi passando os sete filhos de Jessé, por Samuel, e o sacerdote viu que não era nenhum daqueles homens de belos portes físicos de lutadores guerreiros, pois o Senhor, havia lhe dado a direção.

E Samuel perguntou a Jessé: Acabaram seus filhos? E Jessé respondeu, que faltava ainda o mais moço, o que cuidava de ovelhas. Quando Samuel, o viu, o Senhor lhe disse: Levanta-te e unge-o, pois este é quem procuro..

Esse era Davi! Ora, No versículo 7, do capítulo 16 do primeiro livro de Samuel, o Senhor diz a Samuel: ***Não atentes para a sua aparência, nem para a sua altura, porque o rejeitei; porque o Senhor não vê como vê o homem. <u>O homem vê o exterior, porém o Senhor, o coração.</u>***

O Senhor não vê como vê o homem! O homem vê o exterior, porém **o Senhor, olha para o coração!**

O Senhor olha para o coração, pois Ele sabe que ali está registrado os propósitos, ou o propósito que Ele depositou para a sua vida. Através do DNA próprio das suas células, está criado uma identidade única, feita com todo

> O Senhor não vê como vê o homem! O homem vê o exterior, porém **o Senhor, olha para o coração!**

amor e graça pelo criador.

O Senhor olha para os propósitos e a identidade que Ele plantou no coração de cada um de nós!

Ele cria o propósito, Ele planeja nossa identidade, Ele traça nossos planos e através do seu querer, da sua graciosa vontade, Ele permite que sejamos criados. E através do milagre da vida, aquele primeiro pontinho que surge no embrião de um útero de uma mãe, surge o coração. Pois é nEle que está registrado a rota que Deus desejou para nós!

Mas Ele desejou e criou o propósito, Ele não impõe e nem traça destinos, para nós! Temos o livre arbítrio. Não somos um robô, programado. Afinal Ele nos criou à sua imagem e semelhança. E Ele nos convida a todo o momento, para que tenhamos esse mesmo olhar que Ele tem, de ver o coração, e não o homem!

O Rei Salomão, sabia disso: Sobre tudo o que se deve guardar, guarda o coração, porque dele procedem as fontes da vida. Provérbios 4:23

Davi caiu em graça até mesmo diante o Rei Saul!. O Senhor era com Davi. Davi já conhecia o seu propósito,ele já sabia quem ele era. Ele sabia que o seu chamado era adorar o Senhor, em todo o tempo, não importasse onde ele estivesse. Davi, ao cuidar das ovelhas de sua família, ele tinha tempo e se conectava em intimidade para o Senhor. Davi olhava para o seu coração.

No Salmos 57, versículo sete, o Rei Davi diz: Firme está o meu coração, ó Deus, o meu coração está firme; cantarei e entoarei louvores. Ou seja, o Rei Davi afirma, ao Senhor: Pode confiar em mim, Deus, não esquecidos meus propósitos. Não esqueci para que eu nasci. Pode estar acontecendo o que for: Eu cantarei e entoarei louvores a ti. Tudo é por ti.

No Livro do profeta Jeremias, o Senhor diz:

Eu é que sei que pensamentos tenho a vosso respeito, diz o Senhor; pensamentos de paz e não de mal, para vos dar o fim que desejais. Então, me invocareis, passareis a orar a mim, e eu vos ouvirei.

Buscar-me-eis e me achareis quando me buscardes de todo o vosso coração.

Serei achado de vós, diz o Senhor, e farei mudar a vossa sorte; congregar-vos-ei de todas as nações e de todos os lugares para onde vos lancei, diz o Senhor, e tornarei a trazer-vos ao lugar donde vos mandei para o exílio. Jeremias 29:11-14

Troque o buscardes de todo o vosso coração, e substitua: Quando me buscardes sabendo o seu propósito, conhecendo para que você nasceu, sabendo que você nasceu para estar conectado a uma videira, que você faz parte de um corpo, que você possui uma identidade, e eu o criei à minha imagem semelhança, para ter um relacionamento integral e incondicional comigo, e se quiser complete, com todo o seu coração! Isso é libertador! Isso é o ser livre! É isso que Jesus veio e nos ensinou, e nos convida a ter uma mente igual à dele para que possamos entender, que é para isso que temos que ter como direção para nossas vidas.

Ele enviou o seu próprio filho, Jesus Cristo, para nos ensinar e nos mostrar isso!

Veja abaixo, que lindo isso:

Mateus 6:19-25

"Não acumulem para vocês tesouros na terra, onde a traça e a ferrugem destroem, e onde os ladrões arrombam e furtam".

Mas acumulem para vocês tesouros no céu, onde a traça e a ferrugem não destroem, e onde os ladrões não arrombam nem furtam.

Pois onde estiver o seu tesouro, aí também estará o seu coração.

"Os olhos são a candeia do corpo". Se os seus olhos forem bons, todo o seu corpo será cheio de luz.

Mas se os seus olhos forem maus, todo o seu corpo será cheio de trevas. Portanto, se a luz que está dentro de você são trevas, que tremendas trevas são!

"Ninguém pode servir a dois senhores; pois odiará a um e amará o outro, ou se dedicará a um e desprezará o outro. **Vocês não podem servir a Deus e ao Dinheiro"**.

"Portanto eu lhes digo: não se preocupem com suas próprias vidas, quanto ao que comer ou beber; nem com seus próprios corpos, quanto ao que vestir. Não é a vida mais importante do que a comida, e o corpo mais importante do que a roupa?"

Jesus Cristo, nos dá um princípio e uma chave que nos dá o Poder de termos um relacionamento totalmente íntimo com o nosso Pai.

O que você definir como tesouro para sua vida, aí estará o seu propósito! É assim como eu traduzo, o versículo 21. Jesus está nos dizendo isso. Muitos desperdiçam uma vida inteira atrás de realizações materiais e quando alcançam, o vazio continua.

Desde o início, tenho procurado, colocar mais exemplos bíblicos do que pessoais, para que isso entre como uma verdade bíblica em sua mente, e dessa forma, este texto consiga lhe conectar e alinhar a sua mente a mente de Cristo. Que é isso que o apóstolo Paulo, nos ensina.

"Quem conheceu a mente do Senhor para que possa instruí-lo?" Nós, porém, temos a mente de Cristo. 1Co 2:16

No entanto, chegamos numa parte, onde eu posso expressar. Eu na minha juventude, mesmo buscando me conectar sempre à Cristo, coloquei os meus propósitos, à frente dos propósitos de Deus. Mesmo participando de grupos cristãos de juventude, mesmo sendo um propagador do evangelho, não enxerguei nada do que escrevi aqui até agora, e sempre fui aquele filho que se dirigia ao Pai para pedir, pedir e pedir. Talvez nunca o tenha perguntado quais eram os seus planos e propósitos para a minha vida.

Dessa forma, foquei no que me ensinaram no que era sucesso!

E aos 29 anos de idade eu era tido como referência de um jovem que conseguiu almejar todos os seus propósitos. Tinha uma bela casa, tinha excelentes carros, podia viajar para onde desejasse e desfrutar do que quisesse. Negócios, funcionários, relacionamentos. Parecia que eu havia alcançado o meu propósito de vida. Mas é incrível, que tudo isso, não preencheu algo dentro de mim. Lembro-me hoje, olhando para trás, como existia um vazio dentro do meu espírito que naquela época não sabia identificar. A busca era incessante.

Não estou aqui dizendo que não podemos ter belas casas, belos carros, empresas ou viajar.

Ao contrário! Somos filhos do Rei, e nascemos para reinar aqui na Terra. É o propósito!

A questão é o motivo pelo qual desejei tudo isso. Para quê? Para mim? Para mostrar aos meus amigos, que eu consegui alcançar aquelas coisas? Para o meu prazer pessoal? Ou simplesmente como diz o texto de Mateus 6 acima: para acumular tesouros na terra, onde a traça e a ferrugem destroem, e onde os ladrões arrombam e furtam.

Vocês não tem noção de quantas vezes, nessa época, tive arma de fogo apontada para o meu peito, para minha testa, onde ladrões simplesmente levavam embora aquilo que eu havia comprado. Carros, celulares, notebooks, dinheiro, câmeras fotográficas. Sempre tinha que repor pois era roubado. Ganhava de um lado, perdia de outro. Era assim!

Tive carro que o ladrão andou nele antes do que eu. Depois foi recuperado pela polícia, todo sujo, quebrado, e tive que arrumar para desfrutar. Aquela satisfação de usar algo novo, estava marcada por uma cena de violência.

E sabe o que é pior? Isso já faz 10 anos, e hoje vejo que todo esse trauma, e outros que me

> Graças a Deus, que já havia uma chama do Espírito Santo dentro da minha vida, e de alguma forma, eu sabia que somente Cristo poderia mudar a minha história!

fizeram abrir mão de todos esses bens, criaram um bloqueio que me fez esquecer-se de como conseguir tudo isso. Esses traumas, inconscientemente, fizeram com que há uma década, eu mesmo fosse o maior sabotador da minha prosperidade, com medo talvez de ter as mesmas frustrações, sentimentos e até mesmo problemas que passei naquele tempo.

Graças a Deus, que já havia uma chama do Espírito Santo dentro da minha vida, e de alguma forma, eu sabia que somente Cristo poderia mudar a minha história! E mesmo sem forças, sem enxergar o que Deus tinha preparado para mim, resolvi mudar a minha história e lutar pelos propósitos de Deus em minha vida!

Mas Jesus, aqui nos ensina: Mas acumulem para vocês tesouros no céu, onde a traça e a ferrugem não destroem, e onde os ladrões não arrombam nem furtam.

Pois onde estiver o seu tesouro, aí também estará o seu coração.

E em Mateus 7:7-12

"Peçam, e lhes será dado; busquem, e encontrarão; batam, e a porta lhes será aberta. Pois todo o que pede, recebe; o que busca, encontra; e àquele que bate, a porta será aberta.

" Qual de vocês, se seu filho pedir pão, lhe dará uma pedra?

Ou se pedir peixe, lhe dará uma cobra? Se vocês, apesar de serem maus, sabem dar boas coisas aos seus filhos, quanto mais o Pai de vocês, que está nos céus, dará coisas boas aos que lhe pedirem!

Assim, em tudo, façam aos outros o que vocês querem que eles lhes façam; pois esta é a Lei e os Profetas".

Ora , se Jesus ensinou como pedir, é porque podemos ter. E Ele está se referindo a pedir qualquer coisa, e nos será dado.

Agora, onde está o fundamento de tudo isso.

Qual o propósito?

É uma Mercedes-Benz, que você quer? É uma BMW? Para quê?

Ah! É para me exibir para as meninas! Para conseguir umas namoradas! A traça vai comer! O vazio vai continuar.

Agora, se você entende todo o seu propósito de vida com Deus, sua conexão com a videira verdadeira, sua mente alinhada à mente de Cristo e se ajoelha, e na intimidade com Deus, diz, Senhor venho na tua presença pedir-te, em nome de Jesus Cristo, um carro que vi na concessionária que passei outro dia. A marca dele era XYZ, a cor que mais gostei foi a branca. E eu tenho certeza Senhor, que com aquele carro, vou conseguir fazer mais viagens a negócios, para conseguir patrocinar melhor as obras do teu Reino aqui na Terra. Com Ele eu creio que o Seu Nome será glorificado em minha vida, pois todos que me perguntarem como eu consegui, eu direi. Foi Deus. Eu nem tinha condições de conseguir. Até outro dia, nem carro eu tinha. Com esse carro, Jesus, não importa onde estou sendo chamado para levar o teu nome. Vai ficar muito mais fácil de ir.

Ora, eu exemplifiquei com carro, para ficar mais fácil a visualização e a construção disso tudo na mente. Mas isso é com tudo. Com emprego, com planos de negócios, com casas, com casamentos, com família, com tudo! Você estará construindo uma vida, onde o seu tesouro maior são os propósitos que Deus enxertou na sua criação em seu coração.

Os bens materiais, estarão disponíveis para o seu uso, por você ser um embaixador do Reino aqui na Terra. É assim que os diplomatas de uma embaixada, vivem em outros países. Eles usufruem de tudo que o seu país, coloca à disposição na nação que ele é embaixador. Ele só administra. Nada é dele. O dia que ele troca de embaixada, aqueles bens ficam no país que ele estava. Ele vai apenas com os pertences pessoais. Ao chegar à nova nação, lá terá outros bens para usufruir.

Neemias, era o copeiro do Rei, mas por ser copeiro, vivia no Palácio do Rei, e foi designado por Deus para restaurar os muros de Jerusalém.

Deus nos chama para obras maiores. Ter empresa, ter carro, ter casa, viajar, são consequências, são ferramentas para construirmos nosso verdadeiro propósito.

E só vamos conseguir enxergar e descobrir isso, quando tivermos a certeza da nossa identidade em Deus.

Isso é um relacionamento íntimo, de profunda e estreita conversa sem intermediários com Deus. No seu secreto, no seu quarto, em profunda adoração.

Jejum, adoração e oração, são armas que te sustentará e te levará a enxergar e decodificar o pixel de Deus, que está implantado dentro de você.

Eu não sei a senha deste seu pixel, pois o pixel, nas interfaces digitais, só são acessadas pelos administradores, e a quem tiver acesso concedido pelo administrador.

O seu pixel é administrado por Jesus Cristo! Conecte-se a Ele, o quanto antes, e tenha certeza de uma vida muito mais livre, muito mais clara, com caminhos definidos, aonde você chegará muito mais rápido.

Um dia, falei para um irmão mais novo meu. Não venha pela estrada que eu vim. Ela está cheia de perigos e buracos. Pegue uma rodovia aí no km que você está, toda asfaltada, iluminada, bem sinalizada e com total segurança e você chegará muito mais rápido e feliz no seu destino. Nós podemos acelerar os resultados em nossa vida, aprendendo com os erros dos outros. Temos que conseguir enxergar o que Deus tem preparado para cada um de nós.

A sua promessa para nós é imutável!

Quando Deus fez a sua promessa a Abraão, por não haver ninguém superior por quem jurar, jurou por si mesmo,dizendo: "Esteja certo de que o abençoarei e farei seus descendentes numerosos".E foi assim que, depois de esperar pacientemente, Abraão alcançou a promessa. Os homens juram por alguém superior a si mesmos, e o juramento confirma o que foi dito, pondo fim a toda discussão.Querendo mostrar de forma bem clara a natureza imutável do seu propósito para com os herdeiros da promessa, Deus o confirmou com juramento, para que, por meio de duas coisas imutáveis nas quais é impossível que Deus minta, sejamos firmemente encorajados, nós, que nos refugiamos nele para tomar posse da esperança a nós proposta. Temos esta esperança como âncora da alma, firme e segura, a qual adentra o santuário interior, por trás do véu,onde Jesus, que nos precedeu, entrou em nosso lugar, tornando-se sumo sacerdote para sempre, segundo a ordem de Melquisedeque. Hebreus 6:13-20

Melhor é o fim do que o começo

Melhor é o fim do que o começo!

Grandes coisas estão por vir!

O meu desejo ardente é que estas palavras tenham entrado em sua mente e tenham feito enxergar, ter ajudado a entrar em conexão com Jesus Cristo.

Ele é a chave que abrirá o seu coração e o ajudará a viver o seus propósitos.

Você foi escolhido para ter uma vida, livre, abundante, próspera e bem aventurada!

Comece hoje mesmo e entenda, se você está na profissão que Deus quer que esteja. Muitas pessoas hoje estão em posições erradas na sociedade, simplesmente porque escolheram suas carreiras, seus caminhos, por motivos errados. Motivos financeiros, agradar seus pais, achar que deve seguir aquilo, porque já é uma tradição que já vem de gerações. Esse trabalho que você está hoje, você está nele porque é o que você acha que tem de melhor para você, por achar que é o que sua capacidade pode executar, ou é porque você não tem coragem de lutar por aquele que arde em seu coração. Tente entender, porque até hoje, teve medo de constituir família. Talvez já esteja de cabelos grisalhos, e ainda vive com seus pais! Salvo exceções, talvez ainda esteja aí porque tem o medo de enfrentar e aceitar o que você foi chamado para fazer! Qual o seu medo de adquirir a casa que sonha todos os dias quando acorda, e quando vai deitar? Qual o seu medo de ter filhos? Financeiro? Será que seus pais pensaram nisso também quando tiveram você? São indagações e provações que deixo para refletir.

Um tempo novo está disponível para você e para mim. O meu desejo é que você se desperte a colocar Cristo como sendo a coisa mais importante para buscar em sua vida, e creia que todas as demais coisas que arde em seu coração, em seu ser, lhes serão acrescentadas. Isso é promessa de Deus, e Deus como já disse é fiel para cumprir. Deus é verdadeiro.

Cada um de nós temos um propósito definido por Deus. Que façamos desse propósito, o nosso propósito também. Existem milhares de pessoas, esperando por você assumir o seu papel diante a nossa sociedade. Cristo nos ensinou a viver no meio, inserido na sociedade! Temos que ser sal e luz no mundo, nas instituições, nos meios empresariais, ministeriais, nas famílias! Ocupar e assumir nosso papel, salva vidas.

> Deixe viver por experiências de milagres, e viva coisas que ainda nem mesmo sua mente, seu coração imaginou.

Que o Espírito Santo, o único que pode te convencer a lutar por você mesmo, te encha de todo o Poder, de toda a Unção, para que você seja uma lamparina do Reino, e propague essa chama de avivamento por onde passar.

Repita para você: Posso todas as coisas nAquele que me fortalece!

Um grande abraço!

Cláudio Costa

Deus o abençoe

"Eu Sou a videira, vós os ramos. Aquele que permanece em mim, e Eu nele, esse dará muito fruto; pois sem mim não podeis realizar obra alguma." João 15:5

Quem é Cláudio Costa

Paulistano, filho de baianos, nascido em 1976, casado com a Bárbara, pai do Marco, apaixonado por Cristo.

Desbrava em cumprir o seu propósito, através de projetos inspirados pelo Espírito Santo.

"O risco é incerto, a estabilidade não existe e somente a fé em Cristo nos sustenta e nos dá a certeza da vitória até o fim".

Empreendedor, nos ramos de seguros, imóveis e mercado digital.

Siga nas redes sociais:

Instagram: @claudiocosta.digital

Youtube: canal claudiocosta.digital

Twitter: @corretorseguro